écrin de brume

claire-marie bordo

écrin de brume

poèmes & proses

© 2022 Claire-Marie Bordo
Édition : BoD – Books on Demand, info@bod.fr
Impression : BoD – Books on Demand, In de Tarpen 42,
Norderstedt (Allemagne)
Impression à la demande
Illustration : Pierre Richard

ISBN : 978-2-3224-5859-2
Dépôt légal : Octobre 2022

Velours de la nuit

Clair-obscur urbain

Pierreries

Élémentaires

Spectres écarlates

Mélancolie ou la fée bleuie

Sombre sauvagerie

Initiation sorcière

VELOURS DE LA NUIT

plonger dans le bleu de la nuit,
le cobalt duveteux d'un ciel encore timide,
embrasser le saphir scintillant pointillé de géminides,
minuit safre s'offre sous le drapé des affres célestes,
si lestes des larmes du jour,
vague à l'âme de velours.

la nuit est entrée...

la nuit est entrée dans mon salon,
elle a avalé tout le mobilier,
et m'a enveloppée de sa robe de jais.
drapée de rosée, je pérambule
sous une timide lune,
ce soir je danse sous un nuage
de pipistrelles
ourlant la nuit de sombres dentelles.
le ciel est pigmenté
de pointes adamantines effilées,
mes vœux emplissent l'empyrée.
sous le cèdre qui me relie à l'au-delà,
je laisse la nuit me ravir,
et la brise suave me saisir,
je donne mon corps au nocturne consulat,
jasmin, hiboux, bombyx,
la nuit est entrée en moi.

je me dédie à la nuit

quand le voile du temps se pose
comme un linceul étanche et morose
sur le chemin de ma vie
entre devoir et déni,

alors,
je me dédie à la nuit.

quand le soleil ne brille plus assez,
et que de gris le jour se revêt,
noyant les passants et les amants
dans des marais de soupirs lents,

alors,
je me dédie à la nuit.

quand le sens s'évapore et n'est plus
qu'un disque d'argent élimé par la nue,
alors je m'agenouille et le vénère,
l'orbe versatile devient repère,

je me dédie à la nuit.

lové dans le rubis

fourrure de feu zébrant la nuit,
tu fends l'air de ton museau affûté,
perles d'ambre phosphorescente,
à coup d'éclairs rutilants,
illuminent ton trajet,
pattes de taffetas,
tu dessines ton avenir sur quelques entrechats,
boussole en panache,
moustaches frétillantes,
sous la rosée de l'aurore,
l'automne s'annonce sémillante,
premiers frimas,
ton pelage s'étoffe et s'alourdit,
paré pour la nuit tu es,
lové dans ta robe d'or et de rubis.

les sirènes de mes songes

c'est dans le bleu de mes nuits que naissent des sirènes.
elles dansent au bord de mes doutes,
fleurissent de coraux et de soie tous mes rêves.
elles n'attendent pas de prince,
elles vivent dans l'élégance brute d'une nature qui se délecte de sa propre beauté.
les sirènes de mes songes me poussent à nager juste pour m'envelopper de leurs bras turquoise,
elles m'invitent à sentir, respirer, contempler et aimer pour le plus simple plaisir que de se fondre dans la généreuse beauté qui m'est offerte.
elles me disent de m'abandonner,
que si le bleu devient noir,
je n'ai qu'à ouvrir les yeux
et laisser les mots se dérouler,
délier les algues de mes pensées.
et quand je les rêve, je sais qu'elles me rêvent aussi,
car dans les profondeurs des grottes
et la touffeur des anémones
se cachent de petits miroirs d'argent qui flottent...
de petits miroirs d'argent
et tout un univers de bleu et de blanc
qui n'attend qu'à se reconnaître dans la beauté l'environnant.

Étoile tutélaire

C'est
Dans les alliciantes ocelles
de ton regard orné de dentelles,
Que nichent des engoulevents
Qui rêvent à l'abri des vents,
Des créatures nocturnales
Qui dessinent au creux des hanches
Des oasis liliales,
Où doucement je me penche,
Pour boire l'eau saumâtre
Qui coule et s'épanche,
perles opales sur peau d'albâtre.

Si
Tes épaules sont des narcisses,
Onctueux miroirs du ciel,
Et tes cuisses de tendres lys,
Diaphanes balancelles,
Je souhaite me repaître dans cet éden,
Que l'ambroisie coule dans mes veines !

Mais
C'est depuis ma fenêtre que je t'admire
Mon regard tisse un fil
Jusqu'à ton vacillant navire,
De quartz et de diamant volatil

Oui
Ton étoile a fait croître des ailes
Sur mes épaules, deux bouts de ciel,
Mon encre est mon moteur,
Mais Vénus, tu gouvernes mon cœur.

que ta lumière vespérale jamais ne me quitte
répande sur moi sa frénésie pécheresse
m'enveloppe de nuit éternelle
par ton corps déployé en larmes de détresse
répande sur moi sa beauté démentielle

Clair-Obscur
Urbain

je veux Collioure pour moi

je veux Collioure pour moi,
de bon matin, entre les frissons de l'aube et la franchise du soleil,
fracturée par le feu, dégoulinante de sang vermeil.
je veux Collioure pour moi.

dans un silence d'airain, l'astre d'or et les vestiges du sommeil,
personne autour, le souffle court, en manque d'amour,
seule seule seule, si inspirée, si sereine,
seule seule seule, si excitée si certaine
que la ville recompose pour moi ses couleurs tant admirées
bues comme des liqueurs polychromiques
par les peintres et ceux qui osent, telle une amante, la regarder
s'éveiller doucement sous l'ombrage hermaphrodite
d'une église ambiguë qui donne le ton en préambule :
clocher tendu, nef immergée habillée de bulles,
cette ville sera érotique-voilée ou ne sera pas,
je veux tout Collioure pour moi.

je veux Collioure pour moi,
je veux tournoyer, effrénée, dans les rues jaunes, orangées, roses,
cueillir les rayons de miel
qui zèbrent les toits et réveillent les cimes,
dorent les peaux sous la torpeur sensuelle
d'une ville qui se fond telle une douce anamorphose
dans le vertige ému du tourbillon intime.

je veux Collioure pour moi,
ses ocres, ses vermillons, ses ambres et ses carmins
ses odes, ses trublions, ses anges et ses vauriens,

tout Collioure m'émeut,
sous la promesse de la grande bleue qui veille,
se déroule toute une cape damasquinée de soleil,
tout Collioure me veut,
convulsive, épileptique, elle crie mon nom,
polytptyque psychédélique, elle s'écrie à plein poumon :

toi, à la Saint-Jean, quand la flamme dansera,
rejoins-moi dans le feu sous le ciel incarnat,
cautérise tes hantises et calcine tes craintes
pour brûler à ta guise dans ma torride étreinte.

Abbot Kinney

se perdre à Abbot Kinney.
manger des fleurs pour le midi.
se fondre entre plage et ciel
l'estomac léger, les chevilles cousues d'ailes,
se noyer dans le pointillisme étincelant
des vagues rugissant.
s'endormir sous la brise marine,
dans un clair-obscur dansant,
lampe de sel amarrée à mes souvenirs,
phare projeté sur l'étendue bleu klein,
nuit constellée de parfums salins
et de rêves de velours bleu.
le ciel n'a jamais été si beau que dans tes yeux.

les lumières vespérales se lacent à l'horizon bleu et gris.
un ruban carmin délicatement posé sur la toile.
je ne vois que les éclats irisés que sa danse fait ondoyer.
le tableau change seconde après seconde.
tout me semble trop beau, trop parfait.
en arrière plan sourd la chair absente.
habiteras-tu les bordures de mes rêves ?
viendras-tu orner la commissure de mes lèvres de ta présence ?
Paris au loin, diluée à l'eau des songes, se fond dans ma nuit.

il ne manque à Paris que...

il ne manque à Paris que la mer,
un horizon céruléen où perdre son regard.
un point de mire lointain et flou où noyer ses pensées,
un berceau d'azur pour y déposer tous ses rêves.
quand j'arpente de longues rues qui se dénouent
comme des lacets,
mes yeux cherchent spontanément une surface
d'amerrissage
pour mes prunelles nomades.
un espace qui se confondrait presque avec le bleu du
ciel.
un hameau satiné d'où scintilleraient myriades de
perles nacrées,
une broderie pastel bleuissant sous un soleil ardent,
passementée de fils d'or, lovée entre deux tours.

Je veux la Méditerranée à Paris.
Je veux la fébrilité,
la tachycardie urbaine,
et
la douceur étourdissante de la grande bleue
pour calmer mon cœur.

Le repos
après
la sauvagerie.

Je Cherche un Vampire

Puisque Paris n'a pas tenu ses promesses,
Je cherche un vampire.
Je cherche un de ces vampires typiques,
Le teint blafard, la dent luisante et épaisse,
Un grand dégingandé au regard de porphyre,
A l'humour noir un brin cynique.

Paris me le doit bien.

Depuis que je suis arrivée ici,
Pétrie de "on-dit" et de rêveries,
J'ai toujours cru que la ville me remplirait,
Me sustenterait d'amours, d'idées,
Que la ville m'engloutirait dans son grand manteau noir,
Mais qu'elle se laisserait jusqu'à l'ultime goutte, toute entière boire.

Maintenant que je rôde en louve solitaire
Désabusée, exsangue, la mine mortifère,
Je veux faire don de l'humanité délétère
Qu'il me reste encore, après essorage intensif,
De mon corps-cœur-crâne en ces temps rétifs,
Cadeau tout crevé, vieux tas de restes chétifs.

Je cherche un vampire.
Dans les rues crasses au pavé rutilant,
Dans les squares grouillant de gros dégueulasses taons,
Entre deux plaques d'égout exhalant de fétides relents,

Je cherche un vampire,
Pour voler au dessus de la triste ville,
Surplomber les cadavres des rêves, des vieilles idylles,
Les promesses qui ne tiennent plus qu'à un fil.

Je cherche un vampire,
Car la ville ne m'a remplie que de plus de néant
Troquant les abats contre des marécages dormants,
Le cœur enlisé peu à peu moisissant.

Je cherche un vampire,
Pour donner à Paris les débris de mon corps,
Que se répande mon sang dans tout le triangle d'or,
Que les sévices me soient à présent réconfort.

Je cherche un vampire,
Pour que la mort ressemble à un air d'opéra,
Pour qu'elle soit douce et mordante, qu'elle suinte le datura,
Pour que le chant des sangsues annonce mon joyeux trépas !

Paris, Dix Mille Pas Par Jour

Paris, dix mille pas par jour
Trois mille regards croisés à l'heure,
Tu danses, tu improvises à chaque détour,
Tu sautilles, tu attends, tu rêves puis tu poursuis la rumeur,
Tu t'adaptes à tous les rythmes, à la lenteur,
De deux millions d'habitants qui piétinent, qui trépignent,
Et toi tu te fais petit, tu te fais grand, tu courbes l'échine
Pour trouver ta place dans cette arène de fous.
Tu les regardes, tu as envie de les rouer de coups,
Tous ces corbeaux rigides engoncés dans leurs plumages,
Tu t'excuses, tu souris, tu te ravises,
« Il faut comprendre aussi, à leur âge... »
BUMP. Un connard de plus. Ok ok respire, on va éviter la crise...
Mais ton poing est tendu en direction des nez à éclater
T'es parée pour la guerre, t'as juste besoin d'une dernière raison,
Parce que le prochain qui vient c'est clair il va morfler,
Faut pas te chercher, tu vas le foutre dans un coma profond.
Paris, dix mille pas par jour,
Trois mille regards croisés à l'heure,
Dans les films, les livres, les beaux discours,
Tu cherches du réconfort pour ton chiard de cœur.
Paris c'est deux millions de solitudes mêlées,
Ton fardeau en baluchon,
T'es seul avec tes pensées,
Alors souris pas t'as l'air d'un con.

PIERRERIES

Ambre

La première fois que tu t'es manifestée à moi, c'était dans les reflets miellés des branches de lunettes des hommes de ma vie. Ceux avec le regard qui pétille et la soif de transmettre leur passion, celle qui use les yeux : la lecture et le cinéma surtout. Depuis, je t'ai cherchée sur les branches des lunettes de tous les hommes que j'ai rencontrés. A-t-il ce soleil qui brûle dans la pupille ? A-t-il ce désir d'initier et de transmettre les petites clés dorées qui poussent au fond de lui ? J'ai toujours recherché cette sensation partout : soleil déclinant, cuivres distants, parfum du tabac, iris enflammé, liberté infinie. Se sentir invincible et fluide à la fois, ni pierre ni élixir, mais parfaite résine.

Ambre, tu coules dans mes souvenirs comme cet or liquide qui chemine le long de mon écorce fragile. Ta potion safranée s'immisce dans mon prisme de perception, se mêle au vert, au bleu, et colore le verre de mes vitres d'un filtre flavescent ; je vois le monde en fauve. Teintées de cette suave nostalgie qui sent le cigare et les livres, je chausse mes lentilles ambrées et m'élance dans la vie, la sapio-joie chevillée au cœur et les fantômes familiers en guise de boussole intérieure.

Améthyste

Améthyste, pierre spirituelle de pourpre et de merveilles, tu m'as ouvert la voie du monde d'en haut et d'en bas ; c'est dans ton cristal de lilas que les fleurs de mes visions ont pu éclore, libres et déliées sous l'effet de ton sort.

Améthyste, délivrée de l'emprise et de l'autorité, je grandis et m'érige en reine de mes rêves, dans ton trône sculpté sous les psalmodies de mes lèvres, tu exauces mes prières alors que l'encens s'élève en couleuvres de brume au-dessus de l'autel de fortune.

Améthyste, longtemps je n'ai eu que toi, un peu de chaleur, de myrrhe et d'oliban pour embrasser ce nouveau royaume ; et dès la venue des ombres, les visions ont affleuré et libéré l'étrange parfum de mon imaginaire incendié.

Pierre de Lune

Pierre de Lune, avant de te rencontrer, j'ai longtemps rêvé de toi. Tu peuplais mes nuits de ta luminescence divine, cousant le ciel d'une broderie adamantine. Les perles de ton sourire pleuvaient en sirènes de nacre dans mes yeux, Artémis, Séléné, Hécate, mes déesses tutélaires prenaient forme peu à peu.

Pierre de Lune, dans chaque lac et chaque rive où je te rencontrais, la nuit se mirait avec son cortège d'étoiles filant à la dérive.

Tu m'abreuvais alors de songes et de fées, coulant sur la soie de l'aube à l'encre de rosée.

Peine et passion, Pierre de Lune, tu m'as tant apportée ! Diadème d'intuition, tu fais glisser le châle de mes émotions comme une rivière d'opale sur mon âme en ébullition. Liesse et douceur, aujourd'hui ton empreinte sacrée est tatouée dans l'oasis de mon cœur. Pour toujours, sois la Néréide gardienne de ma thébaïde spirituelle.

Saphir

Saphir, mon premier précieux, mon héritage clanique. Don de nuit, don de sentiment océanique. Tu m'as guidée dans l'ivresse des jours sans soleil, illuminés du sémaphore indigo de ta sagesse.

Saphir, je t'ai longtemps convoité, créature du crépuscule, je voulais goûter au velours du secret finement posé sur mes cils indiscrets. Tu m'as accompagnée dans toutes mes rêveries nocturnes, quand les contes de minuit défilaient sous mes paupières éblouies. A présent, je bois la Seine de tes errances et m'oins de l'Égypte de ta magnificence. Dans le cobalt de mes silences, tu me noies de rêves et de néant, qu'il est doux de se dissoudre dans leur béance. Je retourne à la mer des commencements, ta nuit se pose sur la surface satinée, comme un espoir renouvelé d'un jour me retrouver.

Grenat

Fruit défendu, pomme des enfers, tes éclats rubiconds rougeoient comme de furieux éclairs. Pierre de sang, Pierre de feu, ton pouvoir est dans ton palpitant, joyau pulsant irrigué de secrets ardents. Tu révèles mes tabous, tisses un lien précieux à mes sœurs et Démones, Lilith, Aphrodite, Perséphone... Dans le sacrement du sang, je te porte à mon cou.

Grenat, plus beau des cépages, racines de Bordeaux, tu scintilles comme un brasier qui ravage et incendie mes pâles os. Mon corps en offrande, fais-en un feu de joie, que mon sang se répande et ravive ton coruscant émoi !

Grenat, je dois être à toi, plonger dans ton ventre incarnat et nous unir dans la fièvre de la géhenne, dernier rempart à l'insipide tiédeur du réel. C'est dans les flammes de tes enfers que je veux me consumer, dans l'union des âmes électrisées que je veux me volatiliser. Grenat, murmures du feu et soupirs du sage, mariage alchimique de dix mille soleils et de l'ivresse de la terre, je me drape dans ton voilage et me parfume à ta lumière.

alcôve de grenat

nimbée d'un bain pourpre
nappée de rubis et d'oud,
elle s'enfonce dans le grenat
de la nuit, les membres las,
la peau tendrement réceptive
aux moindres oscillations du pinceau.

En son sein un torrent se faufile,
un torrent d'eaux diluviennes,
lac de soufre et de citrine
en fusion sous le noyau vibrant
de cette cosmogonie qui à vue d'œil
grossit, ô comète de son agonie,
il pose le pinceau dru
et repose son corps tendu
près de la rivière allongée
sur son lit défait.

halo de musc, cuir et améthyste,
son désir le colle aux seins qui respirent
la cambrure, la chevelure, l'embrasure,
le colle aux reins qui étirent,
la fourrure, l'enfourchure, la brûlure,
le colle aux mains qui attirent,
la courbure, la sculpture, la luxure.

quand du bout des doigts la caresse enclenche
le saphir et que le son crépite
à mes oreilles,
vibre tout en moi,
vin de messe qui s'épanche,
satyre qui s'agite,
je sens alors la succube qui s'éveille
dansant, ondulant, serpentant,
envoûtée par le trajet voluptueux du diamant,
je conjure les démons de la luxure
et m'abîme dans l'onirique voussure
des paysages phoniques opulents

ÉLÉMENTAIRES

le lit aux secrets

gardénia, tubéreuses, muguet
elle se love dans la nue laiteuse de la matinée,
pour se raconter une deuxième fois ses rêves,
emmitouflée
dans le duvet chaud du sommeil,
camélias, jasmin, chèvrefeuille,
et les revivre à la lueur topaze du soleil
qui embobeline le lit d'une nébuleuse lascive
acanthe, hibiscus, amaryllis,
pour mieux flotter sensuelle,
au cœur de cet oaristys,
entre elle et son lit, une histoire passionnelle,
narcisse, opalia, asphodèles,
les drapés de fortune, les oreillers bosselés
forment l'allégorie de ses fantasmes enténébrés,
ceux d'une nuit éternelle
délicieusement vouée à se répéter.

ta paupière close,
pétale lilial sous hypnose,
rêve de lendemains moins moroses,
où le doux parfum de la rose
étreint les corps prostrés
et rallume les lampes des fées
qui vacillent dans les pupilles des filles
quand les songes de l'ombre
montent telle la honte
d'avoir été aperçues dévêtues,
dans la nuée de juin,
sous l'œil ému smaragdin
du jardin indiscret aux sourires lutins.

les arbres s'affolent
dans le courant doux amer de juin
les arbres s'envolent
et acheminent les rêves du matin
vers les cieux assoiffés,
les soleils incendiés,
et écrivent mes vœux à l'encre de brume
au-dessus du toit qui t'habite
pour qu'à pas démesuré jusqu'à la lune
tu me rejoignes dans l'ultime rite ;
mes bras s'enroulent autour de tes hanches,
enrubannées de soie nuageuse que je tisse ;
ma bouche s'empare du reste, en un flot j'épanche
une forêt de baisers et vers les étoiles je te hisse.

A l'ombre de mon cèdre

*

Sous
mon regard
ébahi, il se déploie
comme un château
de malachite, ses branches,
mains impériales
aux ongles de jade, se meuvent
au gré du vent,
tantôt cheveux de naïade,
tantôt hérissons en cascade.
Le soleil sur son écorce décrit des
trajectoires ésotériques, chaque tâche de lumière
devient oraculaire ou bien mystique,
j'ouvre les volets et observe ma destinée,
de quoi ma journée sera-t-elle faite, ô toi
cèdre-prophète, guide-moi à travers ton écorce,
tes cicatrices et tes éclisses,
fais danser sur mon mur
les ombres qui se tapissent dans
mon futur, et d'un souffle de vent,
offre-moi tes plus douces fragrances boisées,
pour apaiser les peurs et les récits terrifiés que
je me raconte lorsqu'au vespre les lumières déclinent,
et que mon avenir me semble soudain recouvert d'épines...
C'est ton arôme qui embaume après la pluie et
subtilement adoucit
mon cœur anxieux de te savoir silencieux après une nuit ;
pourtant tu
es toujours là,
au   matin,
mon confident,
mon paladin.

rue de la Bardère

j'ai toujours adoré rêvasser dans le bus,
me laisser guider pendant de longues minutes,
ne pas conduire, ne pas connaître ce hiatus,
où contre les rappels du réel le songe trébuche et bute.

me laisser chavirer même lorsque je marchais,
pour regagner mes pénates,
et faire du soleil ennuagé,
cornaline en feu, pâle agate,
mon guide secret, mon hiérophante,
soleil-brasier de qui j'enfante
mille pierreries précieuses
renfermant contes et berceuses,
douces illusions des nuées fécondées
dans lesquelles cinq minutes me lover.

j'ai toujours adoré suivre le sillage des cyprès
quand déporté par le vent,
il imprègne l'air d'essences boisées
valsant allègrement face au ponant.

me laisser enivrer, paupières closes,
sur cette route pénétrée de fragrances,
térébenthine, citronnelle, soupçon de roses
bordant la voie qui se déroule et s'élance
jusqu'aux sommets nivéens du Canigou
jusqu'aux adrets éblouis, le froid dissous.

s'émerveiller devant les monts azuréens
avant de retrouver quatre murs incarnats,
quatre murs et des paupières de lavandin
ornées de pyracanthas et de perles de grenat
qui, juste avant de se fermer,
me sourient et m'invitent à entrer.

automne

automne,
lourdes paupières amarantes cousues d'un fil d'or,
tu fermes tes doux yeux d'épure,
topazes bleues, reflets du ciel,
automne,
les feuilles se parent d'ambre et de grenat,
c'est toute la vallée de tes veines qui se transforme
automne,
tes chemins où l'on se perd sont des serpents de brume
amarrés aux récifs de mes nuits
automne,
tu me captives à mesure que tu te dévêts de tes sourires d'hier
et te laisses cueillir par la main spectrale de l'hiver
automne,
je danse pour toi au crépuscule de Novembre,
je chante pour toi dans le rougeoiement des cendres.

tramontane

pile de feuilles rousses, feuilles mortes,
au milieu de la cour, trône esseulé,
a l'instar des canidés que la fougue emporte,
dans ce tas tentant, j'ai envie de me jeter.

j'ai six ans et il y a une épidémie de poux,
on nous ausculte on nous passe au crible,
mais à six ans, les protocoles on s'en fout,
tout ce qu'on veut c'est plonger dans la cible,

faire bruisser la feuille d'automne sous ses pieds
s'en glisser une ou deux dans le pull juste pour voir,
s'en bâtir une coiffe, un sceptre, une robe de défilé
s'autoproclamer ainsi vêtue reine d'un soir.

les instituteurs font rentrer les élèves dans les classes,
mon nom résonne mais mes oreilles sont lasses ;
je préférerais fusionner avec ce matelas épais,
y élire mon royaume de princes, de fous et de fées.

assise au premier rang, je fais semblant d'écouter,
les lueurs du vespre dansent sur les branches excitées
par la tramontane qui toute la journée s'est bien tenue,
elles s'éveillent à un plaisir jusque là inconnu,
celui de danser un ballet endiablé avec une drôle
d'invitée,
un peu folle, changeante et imprévisible,
une dame de classe, une dame de style,
qui rit aux éclats et jamais ne se retient,
d'effleurer ceux qu'elle croise sur son chemin.
son chant litanique en a rendu fous plus d'uns,
elle qui siffle et fait rire les esprits défunts
elle qui s'insinue dans les rues, les cours, les cimetières,
semble à tout bout de champ parée pour la guerre,

mais d'un revers, étreint et caresse
ceux aux joues replètes, aux yeux plein de liesse,
ceux qui candides, sautent dans les feuilles d'or,
la laissent jouer, semer un joyeux bazar,
courir avec les sylphides dans le royaume des airs
et conter ses histoires à ceux qui rêvent les yeux
ouverts.

Qui suis-je lorsque j'ôte mon manteau de souvenirs et me glisse dans le tissu de la nuit ?

Qui suis-je quand je remonte le fil de tous ces carrés de chair qui m'habillent ?

Qui suis-je sans la nudité des neiges éternelles et la rugosité des chemins de terre ?

Qui suis-je sans le syrah et le grenache qui coulent dans mes veines ?

Qui suis-je sans la méditerranée qui chante dans le coquillage de mes tympans ?

Sans la danse sempervirente de mes iris rêveurs ?

Qui suis-je sans les vieilles pierres, les histoires qui font peur et les collines mystiques qui grandissent au clair de lune ?

Sans la garrigue qui pousse aux confins de ma mémoire ?

Les ombres du passé me collent à la peau,
que je le veuille ou non ; toute ma lignée se lit sur mon visage et dans mes mains.

déposer son âme à la rivière

au déclin du jour,
lorsque ma chambre
sera baignée d'un pourpre miellé,
j'ouvrirai délicatement la porte
et dans un craquement boisé,
découlera le couloir safran,
et mes rêves encore dormants.

j'ai écrit toute l'après-midi,
et mon âme encore leste
rêve de se fondre dans le flot
de la rive qui dérive
jusqu'aux confins célestes.
j'emprunterai le chemin bordé de vignes,
où mes rêves palissés trépignent,
je parcourrai les champs,
carrés ocres sur fond céladon,
le cœur en fête, le sang
aux joues, le souffle court,
effluves sibyllines
mêlées aux arides cactées,
confusion turbide de mousse et d'épines,

je dois déposer mon âme à la rivière.

sous le regard des chênes sempervirents,
j'arpente et serpente
dans le dédale tout embruni,
fauve assoiffé, cobalt après la pluie.

je dois déposer mon âme à la rivière.

j'ai écrit toute l'après-midi
mais le poids des non-dits
grignote le cœur et l'esprit,
et si je n'étais jamais une ?
jamais complète, jamais diurne ?
des entrelacs bourbeux
de songes et de vœux,
d'hésitations et de demi-mots,
d'appréhensions, d'invisibles maux ?

la lune s'élève, le vent se lève
et caresse la mosaïque de tout mon être,
il effleure du bout de ses doigts
les pleins, les vides, les aspérités
et me ramène à ma totalité.

à mes pieds, le lit de la rivière,
et l'orbe qui se dessine
autour de ma silhouette,
font danser les lignes
que je jette
à la pêche d'une toile
imparfaite
et peut-être,
que le reflet à paraître
sera plus authentique
et plus honnête.

lacs quiets, abysses noirâtres,
les joncs s'enfoncent péniblement dans les profondeurs,
macèrent, pourrissent et se taisent.
les corps se ratent,
les corps s'effacent,
les épaules cèdent,
ployant sous le poids d'un invisible fardeau.
qui a dit que nos corps muets, inexpressifs, devraient se draper du linceul de l'ignorance?
face aux fossés fuligineux où les âmes fébriles
s'affaissent et s'effondrent,
je m'étonne :
le feu qui m'inonde vit-il encore?
ma rêverie m'a portée loin,
m'a insufflée les enfourchures où m'aventurer,
m'a projetée sur les terres à incendier,
la flamme pyroïde qui me guide
pompe mon sang
et électrise tout mon corps ;
les désirs deviennent des rêves
qui se frottent au sable du réel,
les déserts deviennent des rives,
des flots de passion qui s'épanchent
et irriguent tout mon être.

océan

océan, eau naissant des nues,
qui dans une danse en transe
souffle les rocs, marie les dunes
et conjugue à tous les temps
sa litanie déchue.
océan, ciel de cendre
qui s'étend sur les cotes déchiquetées,
cheveux divins s'entrelacent aux vœux exaucés,
aux rêves disséminés au cœur d'un carrefour,
au cœur d'un doute dissipé.
océan, récit des ires de l'au-delà
quand les Néréides ne sont plus là,
reçois dans tes abysses des cris secrets
pour qu'ils y périssent.

anatomie de la pensée nomade

mon corps est un vaisseau,
mon cœur est un îlot,
mes jambes sont des pinceaux,
la route est mon tableau.
mes bras des arbrisseaux,
mes mains sont des oiseaux,
dans mon dos, deux ailes de corbeau.
mes veines sont des ruisseaux
où coulent la sève et le bordeaux,
ma tête le capitaine et le matelot,
mes pieds deux pédalos
mes hanches un cachalot
mes cuisses deux cents chevaux.
et dans mon sac à dos :
un peu de liberté, beaucoup de culot,
et dans mon cerveau :
du cogito, trois mille mémos,
dans mon manteau,
perles et coraux,
Baudelaire et puis Rimbaud,
si je m'arrête, c'est le tombeau.

le sentier des nuées

as-tu trop patienté ?
tu sens ton corps trépigner,
tes chevilles vibrer,
toute ta vie
tu as attendu ce moment !

alors, prends le sentier des nuées,
écarte-toi du chemin tout tracé,
emprunte la voie qui s'est effacée
a l'encre secrète des druides,
tu y apercevras d'évanescentes sylphides.

ce n'est pas de courage dont tu as besoin,
mais véritablement de foi,
plus d'uns s'y sont retrouvés à brûle-pourpoint,
las de la vie, languissant un autrefois,
combien ont décelé le vrai chemin ?
celui qui se tapit au-delà
des belladones et des aconits,
celui qui se gravit quand au plus bas,
l'espoir et la ferveur nous quittent.

prends le sentier des nuées,
déleste-toi des poids morts,
des chauve-souris qui obstruent les aurores,
et rappelle-toi de qui tu es :

un marcheur aux ailes de nuages
un rêveur enraciné au rivage
de la poussière d'étoiles qui attend
le bon moment
pour la plus belle des combustions,
au cœur de l'ultime communion,
ton rêve a le droit d'expression.

sel

je dévore mon art
comme je dévore son regard,
source infinie d'associations,
thébaïde guidée par le fil élidé
de nos écholalies érotisées.
sulfure, mercure, sel.
c'est la mer allée avec le soleil.
tout se joue à cet instant t
où
sans l'ombre d'un doute,
j'ôte les tièdes marottes que radotent mes hôtes
imaginaires, père et mère,
au sujet si salé
que je sens s'élever
et susurrer sur ma langue,
une lance,
une transe,
un mouvement de balancier
prêt à s'immiscer sans permission ni laisser-passer
dans ce contenant callipyge
au contenu prodige,
cette contingence nutritive qui par mon désir
se transmute en urgence intuitive.
sur ma langue, vite,
le grain de sel,
le grand manitou manie tout mérite,
je m'irrite, les prudents s'agitent,
dois-je lécher ou laisser là le graal virginal
qui sous mon dard dardant de papilles,
soupapes qui estampillent mon dessein à tout va,
s'en va s'évanouissant sous l'évanescent vénéfice?
je le saisis et le siphonne, si fort, si folle, circonspecte
face aux simagrées sidérées
des sentinelles maternelles :
"cet enfant ne se sustente donc jamais?"

atelier des rêves

parfois,
quand le tumulte de la ville me fatigue trop,
et pèse sur ma poitrine comme l'écho d'un cri dans un enclos,
quand la promesse d'une rencontre s'éteint dans le flot incessant des phares dansants,
des regards qui amerrissent sur des vagues plus fluides que les coraux ourlés de mes exigences,
de mes racines profondes,
et de mes intransigeances qui font de moi une ancienne enfant ;
à présent ancrée comme une roche dans le sable de ses idéaux
-non, je ne capitulerai pas,
non je ne boirai pas les belles paroles qui s'écoulent de la dive bouteille, des bouches en cœur qui me sourient,
des regards où les braises valsantes rougeoient dans l'âtre des désirs,
j'y vois les glaives lacérant la joie,
de blêmes et hâves sourires,
les écrans de fumée et les capes de magiciens qui tombent au sol, dans un souffle peiné,
un râle où palissent les lueurs squalides des promesses de pacotille.
parfois, lasse de tout cela,
je ferme les yeux et imagine que je vis au milieu des bois,
que la neige a recouvert le sol d'un châle d'opale,
et que la rumeur qui au-dehors frétille n'est autre que le frisson des sapins qui s'entrelacent.
j'imagine que mon appartement est un chalet solitaire,
une cabane de bois nichée entre les monts,
et que je vis de quelques fleurs, quelques gâteaux et

quelques livres ouverts.
ma chambre est un salon est une bibliothèque est un boudoir.
j'y crée mon art, et tisse
dans le silence qui s'annuite,
les symphoniques sérénades auxquelles ma solitude donne naissance.
dans l'atelier de mes velléités illunées par Séléné,
je chante la douce mélopée d'une vie tendre et
bercée par le seul rêve que d'être
enfin au monde,
dans le monde,
avec pour seule satisfaction le fait d'être, être vraiment,
épurée de toute aspiration non nécessaire,
lavée de toute prétention dispensable.
les livres comme guides,
et le murmure des arbres comme berceuse,
un amour pur à mes côtés et un chat pour passer entre les pages placides
d'une vie douce et solide
comme les flammes quiètes
d'un feu froid.

pluie salvatrice,
chapelets de nacre tombés du ciel,
pluie libératrice,
sous ton ondée,
les fleurs s'éveillent et grandissent.
sérénade cristalline,
à l'heure où les oiseaux vont se coucher,
c'est le murmure liquide de la forêt qui s'élève,
tel un opéra sylvestre de carillons et de sève.
pluie torrentielle, pluie providentielle,
la vie recommence,
plus riche et vibrante qu'avant.
danse des sylphes, peau perlée de jade,
rires de dryades, cascades élusives ;
le monde se transforme,
les arbres scintillent
les voix de la forêt résonnent
et frétillent :
l'univers est tout à fait infini
dans la perfection d'une goutte de pluie.

je suis une forêt

il est vrai que je suis une forêt, tu peux parcourir la clairière de mes sourires, te laisser guider par les petites lanternes arrimées ici et là pour t'orienter, et déposer tous tes désirs sur mon écorce.
ou bien je te propose une voie alternative, nous allons la nommer la voie du chaos.
oseras-tu t'aventurer à l'aveugle et sans boussole dans la profondeur et les dangers, happé par les effluves de la sylve, piégé sous les épaisses cimes ? trouveras-tu du confort dans l'ombrage de mes secrets ou chercheras-tu un bout de canopée à laquelle te raccrocher ?

dis moi, plongeras-tu dans l'obscure lave qui m'irrigue ou frôleras-tu de loin, le spectre des possibles ?
iras-tu nourrir les fleurs du mal qui s'ouvrent dans le noir, et boire les liqueurs mortifères au cœur des crevasses de mon imaginaire ?
tu sais, là où tu rencontreras les menaces délétères des obscurités qu'on ne nomme pas, des lianes d'obsession et des bosquets de sombres passions ?

je ne suis pas qu'une clairière ensoleillée, je suis aussi marécages et ravins, terres hostiles et ronces acérées.
mais si tu veux me connaître, viens plonger tes mains dans la terre de mes ancêtres, gorgée de bombyx et d'helminthes, là aux frontières de l'irréel où poussent les aconits et les hellébores, si tu veux me connaître, alors regarde dans tes propres abîmes, sur les pentes arides et les ardus rebords, tu y apercevras des pousses cristallines mêlées de soleil et de d'aurore.

La forêt me parle

La nature ébaubie s'ébat
Aux aurores d'un brun béat

Fêlée de fragiles filaments
Ombres de fées, lucioles s'endormant,
Repaire d'or et d'émeraude,
Elle enfile sa jolie robe
Tissée de soie et de lumière

Mêlée des rêves d'hier
Et s'envole, légère, dans la canopée

Pour accrocher des estampes embrumées
Au canevas morcelé du ciel.
Rejoindre la palette d'ambre et de miel
Là où mes rêves se dessinent
Etreinte par une magie séraphine

c'est mon seul désir
car la forêt me parle,
air, terre, eau, feu
Zéphyr, Déméter, Yemaha, Brigid,
tes rivières sont mes larmes,
tes collines mes sourires,
tu donnes du sens à tout mon être
du berceau au grand vide
je suis toi et tu es moi
je retourne à l'endroit,
air, terre, eau, feu,
qui m'a vu naître
et me verra mourir.

Dimanche matin

Ce dimanche matin, dans mon appartement niché au cœur d'une petite rue étroite du 5ème arrondissement, j'ai entendu le vent. J'étais encore au fond de mon lit, ce dimanche matin tout gris, mais ce vent puissant, chahutant, chantant sa mélodie sifflante m'a replongée dans de profonds souvenirs. Tout à coup, ce n'était plus dans le 5ème mais dans ma chambre du sud que j'étais, les volets mi-clos, calfeutrée dans un mol univers de sommeil.

Et en ce mois de mars, je pouvais entendre la puissante tramontane merveilleusement rugir entre les arbres, s'insinuer dans les rues et les allées, un son métallique, une étrange musicalité, l'impression que le vent allait nous arracher, faire virevolter les maisons, les faire danser jusqu'au firmament. Cette musique si spéciale, intense, ce sifflement aigu acéré va nous emporter, nous arracher à la terre et telle la furieuse tempête du Magicien d'Oz, nous faire voler et virevousser dans le ciel ; mais c'est au fond de mon lit que je me blottis encore plus, entre couvertures cotonneuses et rêves nuageux, car je renoue et replonge dans les replis lénifiants de mon enfance, l'expérience si sensorielle de l'enfance, le soleil ardent, les cèdres majestueux, les cyprès odorants, et ce vent plein de violence, destiné à ébranler nos principes, à fracturer nos idées reçues, à nous défragmenter, pour mieux nous ré-assembler devant l'implacable sérénité de la montagne. Drôle de coïncidence, je vis en face d'un café qui s'appelle « La Montagne », et on s'y sent comme dans un chalet chaleureux. On n'est jamais bien loin de nos racines.

Les rituels refont surface. Le poulet du dimanche. L'écriture introspective face au spectacle des éléments. C'est le vent qui m'a toujours poussée à écrire, à voir la situation sous plusieurs angles différents, à contempler

le paysage changeant, la beauté du déséquilibre momentané. La beauté de l'infinie métamorphose.
Il semblerait que dans chaque renouveau, on cherche un lien avec son passé. A chaque nouvel emménagement, on cherche à se rapprocher d'une forme de rêve puisant ses racines dans l'âge tendre, un lieu idéal où l'on se recentre tout en recommençant tout à nouveau, une forme de thébaïde rêvée.
Est-ce cela le but d'une vie, former un cercle parfait et mourir dans sa chambre d'enfance, l'âme en paix ? Enfin rassasiée ?
Mon chat, comme le prolongement de ma personne, s'installe à la fenêtre et contemple le jardin timidement éclairé par ce soleil pâli d'un voile hyalin. Les jeux de lumières sur le mur de la cour projettent les frêles silhouettes des branches hiémales sur le crépi. Je me pelotonne dans mon plaid. Alors que les nuages obombrent ce théâtre végétal, je replonge en moi-même et trouve dans mon propre repli la douceur ubéreuse de mes nuits nymphales.

j'invoque la tempête

j'invoque la tempête, j'invoque la tempête,
depuis mon bureau, cet îlot d'oiseau-tonnerre,
je crie sur le papier, cratère de plaintes,
crisse la plume endolorie au rythme délétère
des plaies qui s'agrandissent dans la béance de mon être.

j'invoque la tempête, j'invoque la tempête,
car dans la lueur qui palpite, sous l'encre qui s'annuite,
le feu faiblit, fébrile et fragile,
l'essence s'épuise et s'évapore
en sémaphores tremblants
dans le croissant, s'évanouissant.

fragmenté, fracturé et fissuré,
un collage de cœur à la place du moteur,
j'invoque la tempête
car dans ce crépuscule sans fin
l'horizon damasquiné d'étoles d'or
s'étiole sous le dernier souffle des lucioles,
avortement de l'aurore.

j'invoque la tempête
pour avoir la force de tourner la page
déployer des ailes encore timorées,
vrombissant sous l'impatient plumage,
les doigts qui trépignent, frustrés,
de ne pouvoir écrire une nouvelle histoire.

j'invoque la tempête,
j'invoque le ciel,
j'invoque la foudre et le tonnerre,
j'invoque le temps et les éclairs,
les trous de ver, l'antimatière,

j'invoque tout l'univers

qu'il me libère
me désincarcère
du mortifère
du léthifère
j'invoque la lumière.

Spectres écarlates

triangulation fantomatique

tu t'engouffres dans les brumes de mon esprit,
spectre lancinant,
démon familier,
ange désiré.
tu erres dans les bois de mon âme,
toute entière versée pour toi.
bois-la à ta guise,
que chaque goutte attise
une soif plus grande, plus abyssale
qu'un ciel mêlé de plomb et d'opale
coulant pour toi, vannes ouvertes ;
plaies à vif, mer de sang et d'atomes pour toi offerte
a l'instar d'une furieuse cohorte d'helminthes
nichée au cœur des rêves noirs et des paradis de craintes
grouillant, tempétueuse, vers des plages nycthémères
où tu vampirises mes âmes en un sublime éclair.

je ne suis moi que dans la décadence des sens,
dans la recherche du sang, sexe, sirènes, sillons,
dans la quête du plus profond de toi,
prisme éclatant occulté derrière le sombre miroir
je ne suis moi que dans la troublante ambivalence,
océan de larmes sous clef, volées de rires à tout va,
je cueille les pommes rondes et fraîches de la frustration
m'enduis les paupières du baume du mal incarné,
pour me rendre aveugle aux étoiles suspendues
je renouvelle l'onguent de la détestation tous les soirs
au creux de rêves inavouables, donne à mes distances le terreau du doute, le soleil qui brûle toute évidence,
mais je ramperai sous un ciel aussi fêlé d'étoiles fuyantes
pour que tes regards absents dans mes nuits d'ivresse solitaire
me donnent un morceau de toi, une brisure
de ce que tu fus à un instant,
alors
arrêtez les aiguilles qui trépignent
écartez-moi de ma proche finitude,
je ne veux qu'un éclat de vérité entre mes mains,
car n'est vrai que l'amour temporel,
seuls dans la salle qui suit le vestibule de tes mots,
seuls mais ensemble, voici la vérité,
l'attention que tu portes à tout ce qui me tue de l'intérieur,
les efforts que tu fais à combler mon incomplétude,
chaque nuit, essayer de m'éloigner de ma propre coulée de sang,
chaque nuit, m'aimer et m'offrir le présent.
voici mes éclisses de vérité, je te donne ma temporalité.

éclats

es-tu le même que moi ?
peux-tu ressentir ce que je ressens,
les vagues qui terrassent mon corps de fantasmes éclos
à ton contact, mine d'extase qui me transpercerait,
pieuvre élastique aux ventouses multiformes,
épousant avec finesse mes désirs équivoques...
peux-tu ressentir les éclats d'ardeur,
écrasant les équerres qui poussent à l'intérieur de moi,
et se disloquent en tigres dansants, rugissant au plus profond
du ventre,
épris, épars, éperdus,
soumis aux assauts de tes regards.
sont-ils des flèches de feu,
d'une incandescente luxure,
ou bien sont-ils uniquement le reflet
de mes gourmandes convoitises ?
je dessine le long des jours la courbe
des désirs écarlates, et tisse le long des nuits,
le canevas de tes apparitions luxuriantes,
sources d'ecchymoses d'amour,
petites plaies de l'attirance interdite,
et creuse dans le tissu insondable de mes rêves
les sillons de tes caresses lointaines,
par la pensée, par la voix ;
de terribles morceaux d'irréel
qui me parviennent au matin
comme des ancres déchirantes,
dégoulinantes de ce sang autre,
ce sang qui te porte,
et qui, si je n'épongeais pas mes songes,
naviguerait dans tout mon être.

stichomythies nocturnes

doux pistil épistolaire
de nos missives imaginaires,
celles qu'on s'écrit avec les yeux,
quand la parole ne promet mieux
qu'une traduction impie
des élans bénis
du cœur et de ses pairs :
âme, intestins, cerveau, ovaires ;
tous les messagers
d'un tremblement charnel,
entre pétales de flanelle,
et pupilles taciturnes,
sur le porche passager
des stichomythies nocturnes.

Le Parfum

Il est des volcans qu'on n'apprivoise jamais vraiment, qui restent ensommeillés jusqu'au jour où, gorgés de lave, ils éclatent et se répandent en vibrantes ondes lascives.

Le parfum me ramène à ces souvenirs enfouis, à la seconde déterrés et mis en lumière par la sensualité qu'il dégage. Il pourrait détrôner toutes mes priorités séance tenante. Je sens que je pourrais défaillir, tout quitter, tout détruire, juste pour suivre le délicieux sillage de ce parfum... le rêve qu'il suscite tout au long du voyage vaut le coup de tenter le diable. J'irais m'acoquiner avec tous les démons pour ressentir son essence, cette enveloppe musquée, chaude, boisée et épicée dont il se pare chaque jour. Je vivrais yeux clos, tympans percés, pour ne percevoir que les paysages sensoriels que son parfum étale. Je m'anesthésierais tout ce qui n'est pas odorat pour ressentir son effluve de manière entêtante et obsédante. J'imaginerais alors les forêts de conifères baignés d'une chaude lumière vespérale où la myrrhe et le sang-dragon s'enlacent. Le parfum n'est pas juste une invitation au voyage. C'est réellement son essence que je goûte, le substrat de l'âme qui m'est offerte lorsqu'on me tend le cou. C'est la possibilité de revenir chaque jour au temple des souvenirs, quand l'aphélie de nos deux corps est maximale, c'est pouvoir incendier un bâtonnet d'encens et laisser mon esprit s'évaporer depuis l'extrémité incandescente jusque dans les volutes serpentines. C'est fusionner ensemble dans l'absolu odoriférant qui lie le corps à l'âme, la peau à la mémoire, le parfum au sentiment.

impromptu

moi je remontais le fleuve du temps,
le cœur inquiet, précipitamment,
toi tu en étais la source,
le corps ancré, cessant sa course.
gardant tes yeux pour point de repère,
je nageais à contre-courant sur les enfers.
maladroite et confuse, je n'avais pourtant qu'un but,
retrouver la muse, l'amant, l'ange et le rut.

ton rire m'a toujours émue
il recomposait le ciel et ses nues
comme un puzzle sur ma toile céleste.
et quand les arbres pleuraient de tristesse,
c'est ton chant qui tuait le venin
c'est ton chant qui muait le fleuve en vin.

mon Hadès, mon Érèbe, mon Ouréa,
viens errer dans le creux de mes bras,
viens cueillir le repos sur mon lit d'étoiles
et noyer ton cœur dans ma coupole astrale.

sur ta peau je laisserai glisser les onyx,
vestiges et vieux souvenirs d'apocalypse,
sur ta peau je graverai les nouveaux récits,
de nos lendemains inassouvis,
de nos jeux de mains bien malpolis.

et quand tu parles,
et quand tu danses,
c'est de rubis que mon corps se pare,
c'est l'ondée qui jaillit et s'écoule avec impudence.
et quand tu ris,
et quand tu vibres,
c'est couverte de diamant que je resplendis,

c'est dans ton regard que je me sens libre.

pour tous ces futurs incertains,
pour le temps perdu en vain,
pour nos solitudes rencontrées à mi-chemin,
sois mien, sois mien.

le vent se hâte,
et ma jeunesse se gâte,
demain perle au bout de ma plume
et le présent m'est parfois enclume.
l'attente est un poison que j'ai trop consommé,
un opium sans cesse renouvelé...
alors...

sois mien, sois mien,
donne moi tes joyaux, tes boyaux, tes viscères et tes vipères.
je prends tout, j'ai trop attendu,
je deviens soûle et un peu goulue,
j'ai soif de ton présent,
et le fleuve n'est pas assez grand
pas assez puissant
pour faire taire mon volcan,
mon éternel bouillonnement.

géminides

nuit d'été dans le jardin de mes désirs
tu flottes comme le pétale parfumé
du jasmin qui court et s'étire
le long de mes muscles pétrifiés
dans cette eau noire qui s'agite
sous tes hanches impatientes

l'ivoire craque.

le ciel lourd et moite se verse
tout entier dans la piscine
bordée de cyprès caressés jusqu'à la cime
vent du sud future averse

tes doigts claquent.

dans l'air sourd une rumeur leste
qui s'insinue sur ta peau nue
la revêt d'une touffeur pécheresse
d'une robe de nuées tu es vêtue

je deviens flaque.

une marbrure orne ton front
l'eau déborde et se rue à mes pieds
j'ai cru ne jamais me réveiller
sous le poids d'une torpeur épuisée
par l'aimant du puits sans fonds
de tes prunelles de chatte
soie, onyx, agate

miroirs aphrodisiaques.

pléiades de géminides
au-dessus de nos têtes
sérénades humides
sous nos lèvres

je me noie dans l'écarlate.

comme un coquillage, mon cœur fait des vagues

comme un coquillage
que tu porterais à ton oreille,
mon cœur fait des vagues
qui éloignent et ramènent
les rêves
inavoués qui sourdent dans le vent.
veux-tu t'en emparer,
t'en parer

tels des joyaux,
et jouir des eaux si chaudes
qui coulent depuis la columelle
et mêlent
dans le courant salin des lèvres incendiaires
des baisers de lune
déposés doucement,
entre les dunes,
couches d'écume,
vapeurs de vespre,
sous les feux iridescents
d'une nuit étoilée
bercée d'un mystique chant.

la lune

la lune tel un voile d'opale
illuminant le couvercle de la nuit,
projette sur mon âme des fantasmes inassouvis
et de longues rêveries,
élue reine de mes déambulations nocturnales,
elle dicte à mon cœur les mots et les syllabes
qui te feront traverser les terres,
déployer les ailes de tes désirs
et me rejoindre dans cet ailleurs dont aucun ne possède
la clé,
là-bas,
nous ferons naître nos chimères,
laisserons les cieux s'assombrir
et redessinerons les rebords de la temporalité,
sans dieux ni préceptes,
seulement nos âmes affamées et nos flammes
insatiables,
là où sous cette voûte déchirée d'astres rêveurs,
nous nous abîmerons dans le regard de l'autre plus
profond
que dix mille océans en pleurs,
nos cœurs emmêlés, et nos corps pressés
par les sensuelles incantations de nos yeux plein
d'ardeur...

il y a un monde sous la peau de mes émotions,
une piscine de pourpre,
un foyer fiévreux qui brûle,
un océan de lave violette.

il y a un chaudron de je-te-veux dans mes ovaires,
une sorcière qui brûle dans mon cœur incendiaire.
j'allume la mèche et mets le feu à ton cerveau.
laisse toi guider et
laisse-moi marquer de mes canines
les contours de ma scène de crime.

ta peau comme un poème que je déploie dans le secret
de ma mémoire, une soierie que je n'ai encore
jamais touchée, jamais goûtée, jamais aimée,
et pourtant,
les vallées et les creux qu'elle recouvre incendient ma
pupille.
il y a des points de lumière que je suis comme un tracé
astronomique, la constellation de tes lunares :
sans boussole, à l'aveugle,
je suis ce trajet occulte ; et les parfums qui te
composent me guident à l'instinct,
jusqu'à la toile que tu me tends pour que j'y peigne
le plus surprenant des tableaux
un tableau-poème,
celui qui se dessine dans le secret des alcôves,
celui qui se murmure, ne se dit pas,
celui qui s'improvise, ne se répète pas.
d'un seul regard,
perles de jais dans un océan flou,
j'ai su que ta peau et ma peau allaient passer des pactes
en secret.
le miel et l'or mêlés, liquides infernaux,
ambroisie de l'âme ;
tes veines plongent dans les miennes.
tout est symbole.
je boirai ce vin de messe qu'est ton sang,
je chanterai cette litanie dans ta cage thoracique
et me draperai de ta peau comme on revêt celle de
l'ours.
multiples morts et résurrections.
entends mon chant,
entends ma supplique
et donne-moi l'absolution
du bout de tes lèvres.

je sens le parfum de la pluie qui n'est pas encore tombée. celle, prophétique, qui annonce les changements, qui annonce ta peau sur la mienne, le ciel qui pleut sur la vallée de mes hanches et les nuages que tu dessines autour de nous dans le saphir des nuits. éclats d'améthyste qui ornent ta pupille de nos rencontres spirituelles. est-ce que la mort a déjà été plus belle ?

ton sang coule dans mon sang, viens enserrer mon cœur des griffes de tes peurs, viens boire dans le jasmin de mes nuits ce qu'il a de joie, d'extase et de lune possédée. ce soir les loups hurleront au creux de mon ventre. ils réclament de la chair palpitante, du feu pour les nourrir. les entends-tu hurler ton nom ? si tu m'aimes tu mourras avec moi. je te donnerai les espaces qui me séparent de moi-même, ma solitude et mes ombres.

ourlée de tes mots, je me transforme.

tu m'as donné l'écrin de tes secrets,
les pourtours intimes bien dessinés,
de ce que tu gardes, mutique et mystérieux,
même à tes yeux

Mélancolie ou la fée bleuie

sa peau n'a pas de frontières

sa peau n'a pas de frontières.
elle se laisse approcher par les étrangers,
posséder par les démons familiers,
et envahir par les spectres du passé.
sa peau n'a pas de frontières,
leurs coups, leurs caresses la définissent,
leurs étreintes et leurs morsures délimitent
les contours des os, les foyers, les cicatrices,
les friches, les édens et les éclisses,
où fées, banshees et lamies de concert s'immiscent.
elle déambule drapée d'un voile translucide,
elle déambule dans ce monde,
sans boussole, sans guide,
se cogne aux croyances, aux crédences, aux
impatiences.
s'entrechoquent ses désirs, ses peurs,
quand timide, elle cherche un regard entendeur,
un écho à ses vides,
le doux effleurement du poing américain,
la violence d'une caresse du dos de la main.
sa peau n'a pas de frontières,
plus elle y donne accès,
plus le puits sans fond se creuse,
l'ivoire douce devient bleu foncé,
et son cœur glabre s'épuise, poreuse pleureuse.
maintenant ses poumons ladres la trahissent,
si sa peau n'a pas de frontières,
tout l'univers est entaché, troué par les vers,
car son cœur s'est entiché des plus profondes abysses.

dionysiaques profondeurs

parure de lambrusque,
diaprures et bariolures,
le dieu ivre démiurge du rubis déluge,
s'évertue à tuer mes rites d'habitude
qui durent
et suppurent
là où je me mure
et me suture,
loin de la luxure
et de l'aventure.
il lacère à l'usure
les fioritures
de mon ego, se gausse de ma fière allure,
d'un rire, en fait ma sépulture !
quand il fait couler la mixture,
doux vin de mûre ou bien sulfure,
se craquelle alors mon armure,
où se fomentent les flétrissures
d'un abondant passé qui ne sait où s'éclipser,
lourd d'une démesure,
d'un cœur en cassure,
caché sous la voussure
d'un sourire fatigué.

l'oubli de Pandore

se tricoter un manteau de regrets,
un chandail de tristesse
et des mitaines de morosité,
au milieu de l'été, semer son allégresse
aux quatre vents de l'oubli
se remplir de remords
comme des racines pourries
imbibées de vers morts,
s'abreuver de ses larmes,
s'étouffer dans son silence,
se noyer dans le vacarme
de sa sourde désespérance.
n'être qu'ombre parmi les ombres,
les rejets du passé,
dans la nuit noire se confondre
avec les spectres déterrés,
les êtres perdus, effacés
d'une mémoire fragmentée,
l'ectoplasme d'un cauchemar
vaguement rêvé, vaguement vécu,
amoindri par l'assommoir
et son funeste uppercut.
n'être que souvenir, crachat, boule de poils,
amour déçu qui s'échappe et s'évapore
d'une voûte pétée d'étoiles,
un petit oubli sous la boite de Pandore...

nous soliloquons tous

nous soliloquons tous dans l'espoir illusoire
d'un jour trouver du réconfort dans les miroirs.

sots locked down dans nos cœurs sans écho,
loques écloses aux faveurs des egos,
nous soliloquons tous,
pensons communiquer et tisser des liens
au creux des miroirs, des reflets incertains
sur des trampolines de sens où ne s'agitent
que nos regards fuyants et nos bras énergiques.

nous soliloquons tous,
dans l'espoir d'être un jour entendus, reconnus,
plus jamais seuls, plus jamais nus,
je vous donne mon corps, je vous donne mon sang
buvez-en tous, abreuvez-vous de mes tourments,
que brillent les chandelles et brûlent les encens,
à la gloire du désespoir, du pathos patent,
dépecez mon dépotoir, délectez vous-en.

voici ma rivière de larmes,
ne fait-elle pas mon charme ?
voilà les lambeaux de mon être,
en reprendrez-vous pour le dessert ?

cloués sur l'autel du partage,
je vous embarque dans mon mirage.

nous soliloquons tous dans l'espoir illusoire
d'un jour trouver du réconfort dans les miroirs.

mélancolie collée

j'avais divorcé
avec les vampires du passé,
le présent
serti du conscient
m'avait reposée,
rassasiée,
rassurée.
jadis guérie
des rêveries
rivées sur des vérités
vrillées,
j'ai replongé
dans ta nostalgie.

passé au lavis de tes humeurs,
mon présent a mué en erreur,
une anomalie à corriger,
un virus à neutraliser.
ta mélancolie collée au clavier
a habilement inondé
mes cellules, mes synapses
de prodigieuses limaces,
lourdes et visqueuses,
ta mélancolie suintait par tous leurs pores,
et j'ai bu toutes les émulsions vénéneuses.
ointe du baume retors,
je me suis détachée de ma peau
je ne vivais que pour ton ego,
ta mélancolie collée
à mon cœur décalé.

tu te rappelles ?

tu te rappelles quand tu as volé ma nuit?
au creux de ma vie, tu as dérobé ma candeur,
l'opale et le rubis, la joaillerie de ma douceur.
tu l'as oxydée. tu l'as mêlée à ce qui grouillait en toi,
les entrailles pleines de haine de toi-même,
tes liqueurs léthifères proliférant sans émoi
dans l'ossuaire qui te sert de cœur, triste gemme.

j'ai porté ton secret pendant des années.
dos courbé, épaules tombées,
un sac de pierres dans le ventre,
sur mes lèvres, le goût du chancre.

j'ai cousu mes yeux d'un fil d'obsidienne,
planté l'aiguille dans mes prunelles,
j'ai forgé des remparts de dynamite,
tapissé mon cœur de pyrite,
moins brillante que l'or, mais elle a fait son effet.
plus d'uns se sont fait berner par ses reflets.
mais plus jamais je n'ai ouvert le tombeau pulsant.
j'ai aimé les mauvais amants,
maltraité les justes,
à ton image fruste,
je suis devenue ton égale,
sans éclat, froide et pâle.

a coulé le rimmel
comme l'eau sous les ponts,
tu te rappelles?
ton corps, énorme python,
ma peau, éternelle prison,
ta bouche, le siphon
de ma dignité résiduelle,
mutique, démentielle,
tu t'en rappelles?

sigil

25 non, 25 hontes.
je voulais t'extirper de ma peau au scalpel,
m'écorcher vive aurait été plus simple
que de vivre avec le souvenir
de ma faiblesse, de ta hardiesse.

alors c'est au fer ROUGE
que j'ai tatoué le sigil de l'exorcisme
ma peau porte le sceau de ton oubli,
25 fois repassé à l'aiguille de la folie
25 000 fois ressassé à la lumière de ma hantise.

Sombre sauvagerie

Je Viendrai Te Hanter

Je viendrai te hanter.
Sur le bord de tes doutes,
A chaque virage de chaque route,
Mon fantôme t'attendra,
Comme une ombre comminatoire,
Un secret longtemps tu,
Qui renaît de l'abattoir,
Avec ce goût pour la viande crue,
Et la détermination propre aux âmes déchues.

Je viendrai te hanter
Doucement, la nuit, quand tu t'endors,
Je flotterai à ton chevet,
Prête à te faire la mort,
J'attendrai que tu rêves,
Pour m'inviter dans cette courte trêve,
Et transformer tes fantasmes éphémères
En vastes cimetières de chair.

Je viendrai te hanter
Et mon nom que tu avais vite oublié,
Sera tatoué à l'intérieur de ta peau,
Transpercera tes os
Et cisaillera tes organes
Dans une grande fête pyromane.

Je viendrai te hanter,
Ferme les yeux, le spectacle va commencer.

Odi et Amo

Je veux aimer et souffrir avec la même intensité. Je veux aimer à en mourir. Violenter ma chair. Fragmenter mes émotions, les lacérer à la dague du désamour. Fracturer chaque partie de mon être. Déconstruire les fondations. Tout péter dans un festival d'explosifs, d'ak-47 et de napalm.

Nus dans le velours de la nuit. A force de chanter, on trouve un rythme commun, on s'accorde. Au milieu de la forêt, nous voilà tous deux, nous apprivoisant, arpentant nos corps comme des alpinistes au beau milieu du mont Atlas, perdus et affamés.

Nus dans le velours de la nuit. On s'y frotte, on s'y caresse, on s'y cache. Priant pour que le matin violent ne frappe jamais à notre porte. Alors on se lance dans des rites contre le temps. On allume des chandelles, de l'encens, on fait des offrandes à Chronos, à Hécate, à Éros, on en devient frappés de glossolalies, nos yeux révulsés dans le pli de la nuit, nos cœurs essoufflés, battant à tout rompre, on espère faire de la magie. Et ce fut de la magie.

Combien de temps durera-t-elle ? Le doute nous effleure, le chaos serpente jusqu'à nous. On clôt nos paupières rêveuses, et on vit comme des immortels, des animaux célestes et impavides.

la rêverie est mon temenos.
je crois que l'art et le rêve nous permettent
de retomber amoureux éternellement.
personne ne veut plus se connaître réellement ;
être absorbé dans le paysage dévorant d'autrui ;
l'entendre, le visualiser, y voyager et l'aimer.
cela semble dépassé. has been.
vite,
utilisons-nous comme des kleenex jetables.
vite,
cultivons le mirage de la vie dans quelques secondes
orgasmiques.
et passons à autre chose. wikipédions nos vies.
l'on doit goûter le plus possible de saveurs, drogues,
liqueurs,
s'enivrer, s'empoisonner et compulser le monde comme
une série d'expériences qui s'enchaînent ; aucun lien
logique, émotionnel, aucune introduction ni conclusion,
aucun rite de passage,
LA MORT DU SACRÉ.
l'art comme junk food, consommation de masse,
divertissement existentiel. la mort n'a jamais été aussi
présente.
parfois je souhaite disparaître de la surface de la terre,
me dissoudre dans ces étincelles désespérées et ne plus
jamais revenir.
le bonheur total semble impossible.
la paix de l'âme se trouve dans l'arrêt sur image.
ma drogue est la junk dream.
j'en consomme de manière déraisonnée.
plus rien ne semble m'ancrer ici bas.
je me déréalise, m'efface et perds toute consistance.
mes os sont des plumes,
mon sang une brumeuse fumée rouge lointaine.
tout se dissout et s'évapore.
le corps tel un inutile pantin désarticulé sombre dans
son coma artificiel

tandis que
l'âme s'envole toujours plus loin,
seulement
suspendue par un fil à ce corps insensé.
l'âme, collée au plafond du ciel,
se procure toutes sortes de shoots en observant les étoiles.
la ville est loin; on peut observer le tumulte et se détacher un peu plus encore...
facebook comme un test conscient : qui me comprend? qui partage le sentiment? filtre constant des potentiels amis, amants, confidents.
lacune émotionnelle étalée au grand jour.
désespoir ontologique,
la parade des névroses de statut en statut.
écrire pour échapper à l'assourdissant silence ;
à ce battement déraisonnable ;
cette course enfiévrée vers la Mort ;
remplir l'espace, remplir le son inaudible, remplir la tête, remplir le cœur,
jusqu'à ce que le bourrage en devienne écœurant et que seul le sommeil,
interlude de pré-néant,
suçon de la mort,
nous vide à nouveau,
nous purifie
et nous lave des névroses d'hier
pour faire de la place à celles d'aujourd'hui.

à Layne Staley et à tous les rêveurs compulsifs,

le rêve comme une drogue que j'injecte
dans l'autoroute de mes veines
vite, fuir, fuir,
maquiller le ciel d'un fard outrageusement noir,
le recouvrir d'un voile de honte,
éteindre les étoiles
et embrasser tous les démons

absence abcès
mélancolie mélasse
mon corps se vide et se remplit
perd de sa substance vitale
à mesure que tu t'éloignes
et emportes avec toi des morceaux de mon âme

mars en scorpion,
à peine ai-je voulu scruter en toi
que je m'y suis perdue
mars en scorpion,
les eaux se transforment en lave,
et je nage à contre-courant,
brûlée jusqu'au dernier degré par ton cœur pyromane.

je vais sûrement t'effrayer
vouloir te faire caresser la mort
du bout de tes doigts,
faire de mon corps un psychopompe
et voguer à perte sur l'achéron

dans chaque acte d'amour,
un acte de mort,
une descente aux enfers,
un paradis d'éther.

et si la rédemption, c'était la simple acceptation de ses limites ?

Initiation sorcière

Sauvage, sombre et solitaire.

La plaine est vaste et les montagnes m'appellent.
Je suis libre, sauvage, sombre et solitaire.
Nuée qui m'attire vers un ciel sans limites,
trois chaises une table,
j'ai pour invitées Nyx, Hécate et Aphrodite.

Lilith en cancer, il faut devenir sa propre mère.
Cajoler ses peurs et briser sa coquille.
Laisser filer les anguilles.
S'électriser de plaisirs étranges.
Devenir qui on est censée être,
de façon chaotique et qui dérange.
Choquer les parents et shaker les schémas.

Sauvage, sombre et solitaire.

Hétaïre sacrée, temple jamais profané.
Bougies, encens et pierreries ornent le sanctuaire de ses nuits.
On vient y chercher l'eau et le vin,
la nourriture spirituelle, l'ivresse sensuelle.
Rien de haut ou de bas,
le royaume s'ouvre et se craquelle
sous la puissance sensorielle
des corps magnétiques, volcaniques, sybaritiques.
Se meurt la séparation,
se meut la connexion,
s'émeut la transsubstantiation.
Mon sang du bordeaux, mon cœur un agneau.

Sauvage, sombre et solitaire.

Ta maison c'est un toit, un papa une maman, des

enfants.
Moi je bois le lait des constellations,
danse sous l'éclat nivéen de la lune,
et me drape dans l'opalescence de l'écume.

La nature est mon repaire, et la nuit est ma tanière.

La louve hurle sous les volutes virides
des aurores impavides.
Vamp aux lèvres violines,
vague après vague, prend vie et se ranime.
Chair de ma chair.
Le présent est le passé est le futur.
Ta peau et tes entrailles mêlées aux miennes.
Perles et coraux frottés entre eux.
Soirées soieries arrosées d'ambroisie.
Offrandes aux dieux.

Toujours sauvage, sombre et solitaire.

Plonger dans la forêt, nue, apeurée et sauvage.
Être guidée par l'unique lumière de sa flamme intérieure.
Sentir les feuilles doucement craquer sous l'écorce de ses pieds,
humer la sève gonfler les troncs de plaisir.
Ils savent, la Reine arrive.
Parcourir le chemin les yeux bandés, les seins pointés en direction du Grand Nord.
Dans la solitude et la sauvagerie les plus extrêmes.
Ce n'est qu'en hantant le cœur de la forêt
que ton entièreté te sera restaurée.
En partageant le banquet des fées,
dryades et esprits malins des bois,
tu deviens ce que tu as toujours été :
une déesse nue au teint d'albâtre,
aux genoux écorchés par les passions secrètes,
au palpitant gorgé de sylve, un tambour de rires maléfiques dans le thorax.
Enfin, le brasier qui crépite au creux de tes reins t'éclaire de mille feux.
Devant toi d'autres fées vêtues de nuit plongent au cœur de l'âtre dans une spirale hélicoïdale de rires mutins qui tintinnabulent en échos célestes.
Oh oui, qu'il est bon de ne faire qu'un avec toi
Reine de la Forêt, Déesse aux Pieds de Bouc,
Satyre Femelle des Bosquets !
Je te donne mon corps, je te confie mon âme.
Plante la graine de la démence sacrée,
de la mystique orgasmique,
du délire atomisé dans mon cœur.
Je suis tienne, je t'appartiens.
Et ainsi je deviens libre.

Anthropomorphon

A la lumière évanescente,
Je veux sur une tombe esquisser une envie indécente
Au crépuscule pourpre et sang,
M'enivrer des spectres dansants...

A l'ombre touffue,
Je veux être Lilith déchue
A la veillée écarlate,
Embrasser les doux yeux d'Hécate...

A l'orée d'un jardin de lune,
Je veux me parer des plus naturelles fortunes
A la lueur des étoiles dessinées,
De lierres, de roses, de lilas et de jasmin m'orner...

A l'aurore éclipsée,
Je veux ouïr les frêles étreintes des fées
A l'heure lycanthropique,
Que l'herbe de Circé pousse un ultime cri magique...

Au cœur de la nuit sauvage,
Je veux bleuir et m'éteindre au plus bel âge
A la chaleur d'un bois possédé,
Boire la sève éternelle des sorciers...

et dans les ténèbres de samhain,
portés par la mélopée du vent,
flottant entre les volutes d'encens,
nous danserons au rythme des coulées d'argent
que la nuit nous offrira.
doucement bercés par le sabbat,
nous nous assoupirons sous un saule pleureur
pour nous évader à la première lueur.

les fées dévêtues

dans la clairière baignée de lune,
je chante ton nom,
près du lac où pâlit la brune,
je me joins à la ronde,
sous le chêne où s'étoffe la brume,
je danse à en perdre raison,
ivres de nuit ivres de prune,
nous tournons et tourbillonnons,
la sève monte alors que tombent les runes,
nous nous déshabillons,
ma peau des ailes du ciel des plumes,
mon cœur un tambour vermillon.

elle rêve

parée d'étoiles,
cils de lune et pupilles d'argent,
elle s'allonge près du lac assagi,
drapée des murmures de la nuit.
le secret des hiboux voyage à dos de rires elfiques
et les fées recousent la cape du silence
sur le matin amnésique.

Je veux être initiée

Au cœur des collines rouges
Je veux être initiée.
Fouler la terre érubescente,
Les semelles ailées, rutilantes,
S'élancer jusqu'au sommet grenat,
Cette vérité brûle au fond de moi,
Je veux être initiée.

Observer le tracé occulte des buses,
Invoquer Éole, Nyx, Mars et les Muses,
Suivre le sentier des amandiers,
Chercher la caresse des asphodèles, espérer
Sous la nacelle du chien-loup,
Que la pluie ruisselle
Et change la terre en boue,
S'oindre de la pommade amarante,
S'offrir à la marée montante,
Je veux être initiée.

Couronnée de buis et de genêt,
Ceinte du jasmin consacré

A Artémis, Hécate et Séléné,
Effectuer les mouvements secrets
Des danses depuis longtemps oubliées,
Être initiée.

Grisée, galvanisée,
Gravir le sommet empourpré,
Les bras comme des voiles,
Se sentir mi-femme mi-cheval,
Se laisser pousser des pattes de Centaure,
Galoper jusqu'à l'aurore,
S'initier.

Dans la ramification de ses veines,
Dans le rouge de ses rêves,
Dans les profondeurs de sa matrice,
Dans le charme de ses vénéfices,
Dans les cris de la harpie,
Dans la déchirure des nuits,
Dans la chair tendre de ses émois,
Dans le souffle précédant tous ses choix,
Il y a une eau de Feu,
Une matière de rêves,
Forge défiant tous les cieux,
Brûlante, incandescente,
Celle qui l'aiguillonne vers le vrai, le beau, l'unique,
Celle qui rayonne d'une chaleur diabolique,
La clameur crépusculaire en parfaite résonance avec son âme de sorcière.

Eau de Feu

Eau de Feu,
torrent de mon cœur,
courant de moiteur qui chemine
et serine dans l'abîme de labeur,
les lueurs qui enveniment mes vautours de peur.

Eau de feu,
rivière aphrodisiaque,
rêve affranchi, rive dionysiaque,
purifie-moi des parias putrides
qui pondent en moi des nids de noirceur apatride.

Eau de Feu,
rubis de ma chair,
coule sur la chute de reins de ma déesse d'airain,
souffle d'air adamantin sur l'incertain de ma peau,
tu t'offres et m'étoffes de ton rouge manteau.

Sombre Aphrodite. Vague implacable. Il n'a jamais été question de saveurs doucereuses ou d'un bain de niaiserie. La mer t'emporte dans son flot indomptable. Elle te plaque au sol et lape tes plaies de ses mille langues salées. Elle ne te laissera pas partir tant que tu n'auras pas craché tes poumons et tes peurs, vécu la panique sous les rouleaux de sa ferveur, révulsé tes yeux, vomi tes peines et fait un tour sur toi même. Beauté, Amoureux, Arcane 6. Pendu, Arcane 12. Il faut 2 fois plus de beauté et d'amour pour être écrasé et retourné comme une crêpe. Voir enfin le monde en pivotant de 180 degrés. Se laisser ravir par les chevaux fougueux aux sabots larimar. Se laisser incendier par l'azur furieux qui trépigne dans le noir. Se laisser couler par le scorpion des eaux profondes, des gouffres sombres. La mer exige un habitant. Aphrodite s'invoque par coulées de lave et fiévreuses tirades. Dans le sacrifice de sa vertu. Aphrodite se glisse entre les cuisses et s'écrie dans les éclisses : prends moi, je m'abandonne. Je te donne la mer de mes émois, prends tout, abreuve-toi.

Diablesse

La diablesse intérieure crie avec tout son cœur ce qui se passe en elle au rythme de ses pulsations acharnées. Son corps est le vaisseau de sa brillance et de la flamme qui l'anime. Elle n'a que faire des filtres et de la censure, ses prunelles des enfers hurlent de vérité tandis que son corps transpirant de félinité traduit le rythme effréné de son cœur pur et transparent. Rien ne compte plus que la vérité, joyau brut de la libération, chakra gorge à oilpé ! Chakra couronne et racine en communion ! Human centipede de la conscience la meuf ! La terre est son ciel et son ciel et sa terre. Elle n'a que faire des petites gens avec leurs petites valeurs de coincés du postérieur. Elle est le poster rieur de la bienséance ! Le séant hilare, l'art de s'en taper ! De passer au-dessus, de voir avec la vision affûtée de la chouette ou du chat les dessous de toute offense ou opprobre, et d'en faire une comédie grotesque dans une explosion de rires rauques et rocailleux : les entrailles de la bête se tapent une barre ! Ouais ! Les juges intérieurs et les moues offusquées n'ont qu'à aller se faire gamahucher ! Leurs bouches pincées demandent qu'à être déridées ! Pendant ce temps, elle vole dans les airs en répandant des paillettes noires et violettes dans les yeux des rêveurs, danseurs, éclaireurs qui n'ont jamais froid, jamais peur, la flamme intérieure prête à lécher la terre entière de sa vague chaude et torride de vérité. Intense liberté que d'être débarrassé de tous les morpions suçoteurs d'énergie, ces sarcoptes acariâtres qui ne demandent qu'une palingénésie du corps et de l'esprit pour mieux se relever, frais, libres et re-nés !

Poème alchimique

NOIR
Dans l'athanor de mes nuits fauves grouillent les secrets et les peurs qui me dévorent. Le plomb de mes deux ailes, le soufre de tes injures et le fiel de mes blessures. J'ai jamais appris à gueuler, j'ai toujours encaissé et tout régurgité à l'intérieur de moi même. Vomissures, meurtrissures, vaste plaie qui lentement suppure. Alors je fourre toute mon angoisse dans le creuset de la honte, la haine je la crache, venin viride qui remonte, sabbat brouillon mixé à la hache, étron putride d'une sorcière sauvage. Si tu meurs demain, ce sera la seule trace que t'auras laissée sur cette terre. Et puis merde, qu'est-ce que j'en ai à foutre de l'héritage, j'ai rien demandé à l'univers mais je suis là putain et peut-être que je veux pas crever dans le purin.

BLANC
Je sens le chaudron de mon angoisse s'échauffer et bouillir dans l'attente de mon Oui. Au centre du brouet bouillonnant, une tache de lune. Une lueur irisée au milieu de l'infamie. Je veux boire ton croissant d'argent, celui qui danse dans ma pupille fatiguée. Celui qui d'un coup se met à s'agiter et à se dérouler comme un serpent d'opale, la fusion chevillée au corps, moteur à réaction de mon râle. Il veut valser avec les liqueurs de mon agonie, il veut glisser sur ma peau comme un amant enhardi. Il veut s'emparer de mes cauchemars et goulûment les gober comme des vipères de kevlar.

JAUNE
Ondulent les effluves verdâtres, ondoient mes relents acariâtres, une nuée visqueuse se dissipe, c'est l'heure de plonger dans l'acide. Je veux que tu me brûles de ton or liquide, que tu me pénètres de ta langue turgide et tisses une robe d'amour pour ma pudeur mise à jour. J'ai toujours cru que tu me consumerais jusqu'à l'os. Pas assez solide pour être incendiée de ta joie surnaturelle. Pas assez digne pour goûter à ton feu follet rebelle. Mais je reste là, le regard planté dans la cosmogonie qui se recompose sous mes yeux, absorbée par les mouvements sinueux tressés à l'instant T de mon instinct tu. Cambrures de fées, chevelure qui pleut, c'est l'or qui s'écoule par la ravine de mes yeux. Rivière de flammes sur mon corps enragé. Hurle la vie dans mes veines pétrifiées.

ROUGE
Oui que cette pluie incandescente roule sur mon ventre possédé, qu'elle me baigne dans le feu de mon sang coagulé, mon nouveau sang de rubis, mon joyau porté en couronne sertie. Ma Vénus, mon Soleil, je suis nue et née à l'instant précis, entre les nues de mes anciennes vies et l'éveil à une nouvelle galaxie. Vulve hurlante, je me recompose sous la flamme crépitante. Vulve hurlante, je me métamorphose sous ta chaleur pénétrante. J'ai trop fermé ma gueule, maintenant je porte mon sexe en diadème, à poil dans le chaudron, je crie ton nom et renais à moi-même.

La Papesse

Entends son appel depuis les lourds replis de ta solitude. Elle trône dans sa chambre, au milieu des livres et des récits d'une vie passée. Chaque expérience se retrouve consignée dans le Grimoire de son cœur. Elle lit entre les lignes et pare ses murs de guirlandes de silences. Il y a une cheminée dans sa chambre et c'est le feu de son conatus qui l'entretient. Sa soif intellectuelle impulse la danse des encensoirs. Son cœur bat dans tout son être. Elle est un canal vers l'au-delà et le monde d'en bas. Par l'œil et la plume, elle fait courir son cœur sur la feuille. Œil et plume, tandem dynamique, elle sait que toute chose couchée sur le papier se vit deux fois. Par l'expérience puis par l'écriture. Son ventre abrite les saisons à venir, les orages qui grondent et les pluies salvatrices. La lune et les étoiles la bercent depuis la lucarne qui déverse la nuit sur ses rêves lucides. On ne lui connaît pas d'amant ni d'amour si ce n'est, celui infini, du ciel. Son sel. Son miel. Les fleurs qui poussent dans son bas-ventre changent la couleur de ses yeux. Serpente ou fée, elle couve en son sein tous les archétypes. A la fin c'est toujours la moniale recluse qui referme le Grimoire. Si ils virent au pourpre, c'est tout son corps qui mute, parfait réceptacle des vérités qui éclatent comme des bourgeons. L'amour est sa religion, la mort est sa raison.

Imbolc

Au creux de ma grotte de glace,
je respire la métamorphose.
La sève court dans mes veines,
la mousse smaragdine pousse
et épouse les contours de mon corps,
la flamme s'éveille.
Les baies amarantes de jasmin en couronne,
les poignets sertis de jacinthes et de mimosa,
je sens mon âtre palpiter.
Hier endolorie sous l'édredon nacré de l'hiver,
aujourd'hui je suis purifiée par la neige resplendissante.
Dans ce bain de ciel,
je nage ma propre renaissance.

farouche femme-serpente,
belladone aux yeux d'onyx,
prêtresse occulte,
mystagogue des sombres désirs,
vouivre ensauvagée
tu es
quand tu plonges
dans l'hypogée de tes secrets

Références

p.107, p.115-116
L'Oracle de la Déesse Sombre,
Iria Del & Gulliver l'Aventurière

Remerciements

merci de lire encore de la poésie,
de penser que les mots sont des portails vers des mondes imaginaires,
de cultiver le beau, le laid, le pur et l'impur
et de transformer le plomb de nos cauchemars en or poétique,
merci de croire encore en la magie

☾

Design graphique
Pierre Richard

Mise en page
Claire-Marie Bordo